BEI GRIN MACHT SICH IHR WISSEN BEZAHLT

- Wir veröffentlichen Ihre Hausarbeit, Bachelor- und Masterarbeit

- Ihr eigenes eBook und Buch - weltweit in allen wichtigen Shops

- Verdienen Sie an jedem Verkauf

Jetzt bei www.GRIN.com hochladen und kostenlos publizieren

Bibliografische Information der Deutschen Nationalbibliothek:

Die Deutsche Bibliothek verzeichnet diese Publikation in der Deutschen Nationalbibliografie; detaillierte bibliografische Daten sind im Internet über http://dnb.d-nb.de/ abrufbar.

Dieses Werk sowie alle darin enthaltenen einzelnen Beiträge und Abbildungen sind urheberrechtlich geschützt. Jede Verwertung, die nicht ausdrücklich vom Urheberrechtsschutz zugelassen ist, bedarf der vorherigen Zustimmung des Verlages. Das gilt insbesondere für Vervielfältigungen, Bearbeitungen, Übersetzungen, Mikroverfilmungen, Auswertungen durch Datenbanken und für die Einspeicherung und Verarbeitung in elektronische Systeme. Alle Rechte, auch die des auszugsweisen Nachdrucks, der fotomechanischen Wiedergabe (einschließlich Mikrokopie) sowie der Auswertung durch Datenbanken oder ähnliche Einrichtungen, vorbehalten.

Impressum:

Copyright © 2013 GRIN Verlag, Open Publishing GmbH
Druck und Bindung: Books on Demand GmbH, Norderstedt Germany
ISBN: 978-3-668-10130-2

Dieses Buch bei GRIN:

http://www.grin.com/de/e-book/310804/kreativ-zur-ruhe-kommen-unterstuetzung-der-kreativitaet-durch-prozessorientierte

Aysel Kapuci

Kreativ zur Ruhe kommen. Unterstützung der Kreativität durch prozessorientierte Angebote (7. Klasse Förderschule)

„Ich tauch' ab in die Welt der Farben"

GRIN Verlag

GRIN - Your knowledge has value

Der GRIN Verlag publiziert seit 1998 wissenschaftliche Arbeiten von Studenten, Hochschullehrern und anderen Akademikern als eBook und gedrucktes Buch. Die Verlagswebsite www.grin.com ist die ideale Plattform zur Veröffentlichung von Hausarbeiten, Abschlussarbeiten, wissenschaftlichen Aufsätzen, Dissertationen und Fachbüchern.

Besuchen Sie uns im Internet:

http://www.grin.com/

http://www.facebook.com/grincom

http://www.twitter.com/grin_com

Hamburg, 17.06.2013

Staatliche Fachschule für Sozialpädagogik

Facharbeit im Fach
Sozialpädagogisches Handeln

„Ich tauch' ab in die Welt der Farben"
Unterstützung der Kreativität durch prozessorientierte Angebote in einer Förderschule mit zwei Jugendlichen im Alter von 12 Jahren.

Im Rahmen der Facharbeit sind die erwähnten Namen verändert.

„Ich tauch' ab in die Welt der Farben"
Unterstützung der Kreativität durch prozessorientierte Angebote in einer Förderschule mit zwei Jugendlichen im Alter von 12 Jahren.

Inhaltsverzeichnis

Seitenzahl

1. Einleitung 4
1.1. Begründung über die Wahl des Themas 4
1.2. Zielsetzung 4
1.3. Überblick – fachliches Vorgehen 5

2. **Der theoretische Bezugsrahmen** 6
2.1. Bedeutung von Kreativität 6
2.2. Was ist Kunst? 7
2.3. Prozessorientiertes Arbeiten 8
2.4. Produktorientiertes Arbeiten 9
2.5. Zeichenentwicklung des Kindes und Jugendlichen 9

3. **Angebotsreihe zum Thema**
   „Mit Farben experimentieren"– (Praxisdarstellung) 12
3.1. Praxisstelle: Förderschule Hauskoppelstieg 12
3.2. Kurze Beschreibung der Jugendlichen und Motivation 12
3.3. Übersicht der Angebotsreihe 13
3.4. Planung und Reflexion des Angebotes
   „Die Farbspritz-Technik & Nass-in-Nass Technik" 14
3.5. Planung und Reflexion des Angebotes „Pustekunst & Klecksbilder" 17
3.6. Zusammenfassende Reflexion des mehrteiligen Angebotes
   (Theorie-Praxis-Verknüpfung) 21

4. Schlussteil/ Ausblick 24

5. Literatur- und Quellenverzeichnis 27

6. Anhang 28

„Ich tauch' ab in die Welt der Farben"
Unterstützung der Kreativität durch prozessorientierte Angebote in einer Förderschule mit zwei Jugendlichen im Alter von 12 Jahren.

1. Einleitung

1.1. Begründung zur Wahl des Themas

Ich bin in der Zeit vom 07.08.2012 bis einschließlich dem 28.05.2013 im Rahmen eines Praktikums für die Erzieherausbildung in der Förderschule H.. Dort betreue ich die Klassen 7, 8 und 9. Die meisten Schüler haben große Konzentrationsschwächen und sind sehr unruhig. Aus meinen Beobachtungen entnehme ich, dass die beiden Jugendlichen, die ich für meine Angebotsreihe auswähle, ein großes Bedürfnis haben, sich künstlerisch frei zu entfalten und nach einer „Auszeit" suchen, wobei sie dies zum Teil in der Klasse nicht umsetzen können. Die beiden Schüler lieben es, zu malen und zu zeichnen. Daraus kommt mir die Idee, den beiden Schülern (von der 7. Klasse) Möglichkeiten aufzuzeigen, sie auf diesem Wege in ihrer Kreativität zu unterstützen und sie dadurch zur Ruhe kommen zu lassen. Kunst ist ein besonderes Thema für mich. Nachdem ich mich viel mit diesem Thema auseinandergesetzt habe, habe ich mich entschieden meine Facharbeit darüber zu schreiben. Es ist ein sehr interessantes Thema, weil man durch die Kunst viele Informationen über die Psyche eines Kindes erhält, z. B. durch die freie und spontane Zeichnung. Deshalb hat die Kinderzeichnung eine bedeutende Funktion in der Forschung. Für mich ist wichtig, dass jedes Kind und jeder Jugendliche das Recht auf eine kreative Unterstützung hat, vor allem bei belastenden und risikohaften Lebensbedingungen zur Sicherung seiner eigenen Ressourcen und seelischen Gesundheit. Die Zeichnung verrät nicht nur etwas über die Psyche des Künstlers, sondern ermöglicht einen Blick auf die individuellen Fähigkeiten. Wenn man den Jugendlichen im kreativen Bereich unterstützt, gibt man ihm die Möglichkeit auf seine zeichnerische Entwicklung für die Entwicklung seiner kreativen Fähigkeiten aufzubauen, die auch bedeutend sind.

1.2. Allgemeine Zielsetzung

Zunächst muss ich erwähnen, dass Malen und Gestalten mit Freude verbunden ist. Aus diesem Grunde arbeite ich gerne im kreativen Bereich. Kreativität verleiht Ausdruck, lässt das Kunststück von anderen Betrachtern unterschiedlich deuten oder wahrnehmen. Kreative Arbeit ist eine schöpferische Fähigkeit, bei der man sich frei entfalten kann. Deshalb liegt mein Schwerpunkt auf prozessorientiertem Gestalten. Der Focus liegt nicht auf einem vorgegebenen „perfekten Ergebnis" eines Bildes, sondern eher auf der künstlerischen und kreativen Entfaltung eines Individuums. (Und ehrlich gesagt, in der Kunst gibt es kein „richtig" oder „falsch", somit ist jedes künstlerische Produkt ein einzigartiges Ergebnis). Die Entwicklung von Fantasie und Vorstellungskraft haben für die Pädagogik eine große Bedeutung, ebenso wie freies, spontanes Malen und Experimentieren und Ausprobieren. Mein weiteres Ziel ist das Experimentieren mit Farben und unterschiedliche Anwendung von Techniken zu vermitteln. Dabei sollen die Schüler zur Ruhe kommen. Durch prozessorientiertes Gestalten und des bildnerischen Prozesses (und seines Produkts) entsteht ein Prozess des inneren Gleichgewichts, das in jedem Fall auf die Psyche wirkt. Hier wird nicht nur die Kreativität der Schüler unterstützt, sondern der Prozess des „zur Ruhe kommen" dahin geführt und begleitet. Ich biete den Schülern ein pädagogisches Angebot, bei dem sie die Möglichkeit erhalten, sich auf der Basis ihrer Ressourcen kreativ zu erweitern, gelassener für einen Moment sind, aus dem stressigen Alltag entfliehen, um so wieder innere Kraft tanken zu können. Die Schüler können frei entscheiden, was sie zu Papier bringen möchten und vor allem wie. Ich gebe nur Hilfestellung, begleite sie und bin für sie ansprechbar. Den Schülern möchte ich deutlich machen, dass sie sich vor allem beim Prozess des Gestaltens sich individuell ausdrücken können und nicht das Produkt im Mittelpunkt des Geschehens steht, sondern die Aktion, das Erschaffen an sich. Die Schüler machen die Erfahrung „frei" zu sein, sich nicht unter Druck gesetzt zu fühlen und sich einfach ausprobieren zu dürfen und dabei Spaß zu haben. Die Schüler reflektieren über ihre eigene Vorgehensweise und dürfen über ihre Ergebnisse erzählen, z. B. wie sie sich dabei gefühlt haben, ob sie so etwas zu Hause wieder gestalten würden usw. Ich lege viel Wert auf die eigene Reflexion, weil die eigene Erfahrung bewusst verarbeitet und das eigene Verhalten kritisch hinterfragt wird, sowie positive Lernerfahrungen und zukünftiges Handeln sich entwickeln.

1.3. Überblick – fachliches Vorgehen

Sämtliche Ausarbeitungen beziehen sich auf zwei Jugendliche. Im Rahmen dieser Facharbeit sind die erwähnten Namen verändert. Die Beschreibung der Kernelemente der Kreativität und die Erläuterung der theoretischen Bezugsrahmen sowie praktischer Teil sind grundlegende Bestandteile dieser Facharbeit. **Im ersten Teil** stehen der theoretische Bezugsrahmen und methodische Aspekte im Vordergrund. Zunächst werden die Begriffe Kreativität, Kunst, prozess- und produktorientiertes Arbeiten näher beschrieben und anschließend auf die Zeichenentwicklung des Kindes und Jugendlichen eingegangen. **Im zweiten Teil** steht der praktische Teil im Vordergrund. Ich mache Angaben zur Praxis, beschreibe die Angebotsreihe und die Ziele sowie methodische Überlegungen. **Der dritte Teil** wird dem Lernfortschritt und dem Ergebnis gewidmet. Meine Eindrücke während des Vorhabens und

Reflexion werden festgehalten. Es folgt eine kurze Zusammenfassung und darauf bezogen werden anknüpfende weiterführende Fragen in Form eines Ausblicks angeführt.

2. Der theoretische Bezugsrahmen

In diesem Abschnitt werde ich den Begriff Kreativität näher beschreiben sowie weitere Begrifflichkeiten von Kunst, prozess- und produktorientiertes Arbeiten erläutern. Durch diese kurze Auseinandersetzung soll ein Grundverständnis aufgebaut werden. Anschließend beschreibe ich die Zeichenentwicklung des Kindes und schwerpunktmäßig des Jugendlichen, damit ich später auf mein Ziel zurückgreifen kann.

2.1. Bedeutung von Kreativität

Kreativität ist ein Wort, dass aus dem lateinischen stammt „creare" und heißt „[...] schaffen, erschaffen, zeugen, gebären. [...]".[1] Diese Wortbedeutung gibt einen Hinweis darauf, dass Kreativität etwas „Schöpferisches" mit sich trägt. Schöpfung bedeutet, dass etwas erschaffen wird, was vorher nicht vorhanden war.[2]

Kreativität ist ein Merkmal, dass man nicht einfach so beschreiben kann. Sie ist mit dem Begriff „Fantasie" eng verknüpft und in der praktischen Durchführung eine umgesetzte Fantasie, in der alles möglich ist. Kreativität bietet die Möglichkeit aus unterschiedlichen Bereichen mit zahlreichen (vielen) Dingen etwas entstehen zu lassen.[3]

Kreativität bedeutet auch, aus seinen Fähigkeiten und angeeigneten Informationen und Erfahrungen heraus etwas Neues, was es noch nicht gibt, zu erschaffen und für den kreativen Erfinder neu ist. Kreativität weist vier bestimmte Merkmale auf: 1. Problemsensitivität, das bedeutet, dass man sich als kreativer Mensch eine bestimmte Aufgabe vornimmt, die man bewältigen will. 2. Ideenflüssigkeit und Fantasie sind Eigenschaften die mit bestimmter Vorstellungskraft und Visionen entwickelt werden. 3. Optimismus und Flexibilität sind positive Überzeugungen von sich selbst, die ausgesuchte Aufgabe bewältigen zu können. Man kann somit die Ideen anderer oder auch neue Entwicklungen für seine Kreativität mit einbeziehen. 4. Sachlogik und Kombinationsgabe bedeutet, dass man analytische Fähigkeiten besitzt und dafür offen ist, viele Aspekte einzubeziehen.[4]

---

[1] Siehe Braun, Daniela: Handbuch Kreativitätsförderung, S. 27
[2] Vgl. Braun, Daniela: Handbuch Kreativitätsförderung, S. 27
[3] Vgl. Dienstbier, Akkela, Kinder, Kunst und Kompetenzen, S. 163
[4] Vgl. Jaszus: Sozialpädagogische Lernfelder für Erzieherinnen, S. 439

Nach Rudolf Seitz (Kunstpädagoge), gibt es 4 unterschiedliche kreative Prozesse, die durchlaufen werden: 1. Die Problemphase: Es gibt ein Problem, für das nach einer Lösung gesucht wird. Wenn es an künstlerischem Ausdruck fehlt oder nach Emotionen gesucht wird, so stellt dies ein Problem dar, das Gesuchte zu finden. 2. Die Suchphase: Das gesamte Wissen, Erfahrungen und bekannte Informationen werden für die neue Erschaffung nach möglichen Kombinationen ausprobiert. Die Phase kann schnell durchlaufen sein oder es kann auch ein längerer Prozess erfolgen, wenn der Versuch nicht ein Irrtum zu sein scheint. 3. Die Lösungsphase: Neue Ideen und Gedanken sowie neue Formen und Sichtweisen für die Erstellung neuer Zusammenhänge und Beziehungen werden entwickelt. 4. Die Verwirklichungsphase: In dieser Phase wird der Prozess in die Tat umgesetzt und wird sichtbar gemacht.[5]

2.2. Was ist Kunst?

Der Begriff Kunst ist schwierig definierbar, da es unterschiedliche Definitionen und Interpretationen gibt. Prof. em. Dr. Claus Tiedemann aus der Uni-Hamburg definiert Kunst folgendermaßen: „Kunst ist ein kulturelles Tätigkeitsfeld, in dem Menschen sich aufgrund ihrer Begabung, Fähigkeiten und Fertigkeiten bemühen, ihre Gefühle und Gedanken durch ein selbst geschaffenes Werk oder durch eine Handlung auszudrücken. Besteht der Ausdruck in einem Werk (Gegenstand, Gebilde), das nach seiner Vollendung auch andere Menschen sinnlich wahrnehmen können, wird dieses Tätigkeitsfeld "bildende" Kunst genannt; besteht der Ausdruck in einer Handlung, ist er also an die leibliche Präsenz des Künstlers gebunden, wird es "darstellende" Kunst genannt."[6]

Kunst existiert seit Jahrhunderten, sie verändert sich ständig in unterschiedlichen begrifflichen Bedeutungen. Jedoch bringt Kunst etwas Schöpferisches, Innovatives und Kreatives sowie bei der Ausübung experimentelle Veränderungen mit sich und man kann seine eigenen Grenzen überschreiten. Jeder Betrachter interpretiert Kunst anders, deshalb gibt es keine eindeutige Definition. Beschreibungen wie z. B. Kunst ist, was Künstler erschaffen oder Kunst sei Sammlungen von künstlerischen Werken usw. sind unterschiedliche Meinungen der Menschen. Spontanes Malen, explosive Spontanität oder bestimmte Ausdrucksformen verstehen sich als Kunst. Dies findet man auch bei Kinderbildern wieder.[7]

---

[5] Vgl. Dienstbier, Akkela: Kinder Kunst und Kompetenzen, S. 165

[6] Siehe: Tiedemann, Claus: „Kunst" – Vorschlag einer Definition, URL: http://www.sportwissenschaft.uni-hamburg.de/tiedemann/documents/kunstdefinition.html, 02.05.2013, 09:44 Uhr

[7] Vgl. Braun, Daniela: Handbuch Kreativitätsförderung, S. 91

2.3. Prozessorientiertes Arbeiten

Beim prozessorientierten Arbeiten steht der Aspekt zum selbst geplanten, eigenständig erworbenem Wissen im Vordergrund. Bedeutend ist der Weg, (also der Prozess des Gestaltens) dorthin und nicht das sichtbare Endergebnis bzw. Endprodukt.[8]

Die Erfahrungen, die während des Prozess gemacht werden, sind bedeutend, selbst wenn kein Endprodukt hergestellt ist, weil es beispielsweise vom Kind zerstört wird. Die Kinder haben die Möglichkeit aus eigenem Interesse, sich durch Motivation und Selbstbestimmung mit diversen Materialien im Gestaltungsprozess auseinanderzusetzen. Die Kinder bestimmen ihren eigenen Lernprozess. Durch prozessorientiertes Arbeiten werden bestimmte Fähigkeiten gestärkt: Beim **Individuellen Ausdruck** werden Gedanken und Gefühle durch das Gestalten verarbeitet. In der **Identitätsfindung** wird durch Unterstützung der individuelle Ausdruck mit eigenem Stil und nach eigenen Wünschen ausprobiert. Durch Raum und Zeit und ohne Druck darf das Kind selbst bestimmen, wie lange es an seinem Bild malen möchte und wann es fertig ist. Gestärkt wird das Kind mit **Selbstwertgefühl** und **Selbstvertrauen**, indem es stolz sein kann, etwas Eigenes erschaffen zu haben. Durch **individuelles Experimentieren** mit unterschiedlichen Materialien kann sich das Kind viele Erfahrungen und Informationen aneignen. **Grenzerfahrungen** werden durch Ausprobieren und Experimentieren gestärkt, bei dem das Kind seine eigenen Grenzen erfährt und auch erweitert. Auch die **Frustrationstoleranz** wird gestärkt, indem das Kind mit Frustrationen umgehen lernt und Krisen aushält, aber auch neue Lösungen suchen. Durch den Umgang mit Krisen und Frustrationen kann das Kind sich **neu orientieren** und nach **neuen Lösungen** finden, denn aus Fehlern entstehen neue Möglichkeiten. Durch prozessorientiertes Arbeiten können alle möglichen Materialien eingesetzt werden, die die **Wahrnehmung mit allen Sinnen** unterstützen. Während des prozessorientierten Gestaltens wird die **Selbstständigkeit** bei der Entscheidungsfindung unterstützt, indem das Kind beispielsweise aus eigener Vorstellung eines Hundes die Farbe Blau wählt und sich vorstellt, dass dieser in einen Farbeimer gefallen ist. Beim prozessorientierten Arbeiten wird das Kind nicht dem Druck ausgesetzt, bestimmte Leistungsanforderungen zu machen. Deshalb kann das Kind sich frei entfalten und so **Freude und Entspannung** beim Gestalten entwickeln. Zudem können die Kinder durch Austausch oder gemeinsam gemalte Bilder neue **soziale Kontakte** aufbauen. **Innere, wertschätzende Selbstkommunikation und die Kommunikation mit anderen** wird durch unterschiedliche Gestaltungsprozesse gegeben.

---

[8] Vgl. Mößner, Barbara: So geht's – kreatives Gestalten in der Kita, S.6

Auch **Entdeckungsimpulse** werden gegeben, wenn die Kinder neugierig auf die Umwelt sind und sich mit dieser auseinandersetzen wollen.[9]

2.4. Produktorientiertes Arbeiten

Beim produktorientierten Arbeiten liegt der Focus auf dem Endprodukt mit fester Zielvorgabe. Bei der Gestaltungsaktion soll am Ende etwas Schönes herauskommen. Das Ergebnis sollte möglichst ansprechend, schön und für jeden erkennbar sein. Beispielsweise werden Einladungskarten mit Schablonen hergestellt oder ein Blumentopf aus Ton usw. Das vorgegebene Ergebnis verfolgt das Ziel mit einem fest umrissenen Ergebnis. Dabei müssen von den Kindern Material, Technik und die Anleitung für die einzelnen Schritte genauestens befolgt werden, sonst entsteht ein anderes Ergebnis, z. B. sollen die Kinder eine bestimmte Laterne nach Anleitung bauen. Folgt man nicht dieser Bauanleitung, entsteht eine andere Laterne. Um das Ziel zu erreichen genau diese Laterne zu bauen, muss eine präzise Beschreibung erfolgen, wie genau das Ergebnis am Ende aussehen soll. Die Kinder müssen sich an diese Vorgabe halten, damit das Ergebnis exakt erreicht wird, wie in der Bauanleitung. Die Kinder lernen verschiedene Techniken kennen durch Zusehen und Nachahmen. Ab dem Grundschulalter wollen die meisten Kinder nach einem bestimmten Ergebnis arbeiten, was für sie am Ende nützlich ist. Bereits in diesem Alter besitzen die Kinder bestimmte Fähigkeiten, um präzise zu arbeiten und bestimmte Arbeitsschritte verfolgen zu können. Durch produktorientiertes Arbeiten lernen die Kinder Ausdauer (nämlich ein Produkt fertigzustellen) und sich an bestimmte Regeln und Arbeitsabläufe zu halten. Dadurch wird das Selbstbewusstsein gestärkt und am Ende kann das Kind stolz auf das erzielte Produkt sein. Beim produktorientierten Gestalten bestimmen die Kinder nicht selbst ihren Bildungsprozess und können nicht individuell arbeiten. In der Lernforschung wird belegt, dass Kinder ihre Kompetenzen durch selbstbestimmtes Lernen am besten entwickeln und festigen.[10]
Man sollte beachten, dass man nicht monoton auf die Arbeit mit produktorientiertem Gestalten zurückgreift. Diesen Aspekt werde ich im Schlussteil/Ausblick näher erläutern.

2.5. Zeichenentwicklung des Kindes und Jugendlichen

Hier beschreibe ich kurz die kindliche Zeichenentwicklung mit dem Übergang auf die Jugendzeichnung, dabei soll der Schwerpunkt auf die Zeichenentwicklung des Jugendlichen gerichtet sein. Die kindliche Zeichenentwicklung möchte ich kurz erläutern, damit man die Zeichenentwicklung des Jugendlichen nachvollziehen kann.

---

[9] Vgl. Dienstbier, Akkela: Kinder, Kunst und Kompetenzen, S. 150-151
[10] Vgl. Dienstbier, Akkela: Kinder, Kunst und Kompetenzen, S. 151-153

Seit 1895 werden Kinderzeichnungen von Wissenschaftlern untersucht. Der Kunsthistoriker Ricci Cooke hat im Jahre 1905 u. a. ca. 120 000 Kinderzeichnungen aus 17 Staaten analysiert und verglichen. Seit dem kennen wir die Entwicklungsstufen der kindlichen Zeichenentwicklung:[11]

Es gibt unterschiedliche Darstellungen der kindlichen Zeichenentwicklung von vielen Autoren. In die vorfigurative und figurative Phase teilt sich die theoretische Grundlage nach Bettina Egger (Kunsttherapeutin) und in die Phasen des kindlichen Realismus und visuellen Realismus teilt sich die theoretische Grundlage nach Daniel Widlöcher (Proffessor für Psychiatire und Psychoanalytiker). Die Phasen bauen aufeinander auf, wobei nicht immer die Phasen nacheinander folgen, sondern es können auch zwei Phasen gleichzeitig auftreten. Da jedes Kind individuell ist, sind die dargestellten Altersangaben nur ein Richtwert, das bedeutet, dass beispielsweise ein Kind im Alter von 3 Jahren weiter in der Zeichenentwicklung sein kann als hier angegeben.

Die Entwicklungsstufen: **Die vorfigurative Phase (Alter: ca. 1-3 Jahre)** bedeutet, dass das Kind in dieser Phase Gegenstände nicht zeichnen kann. Es malt vielmehr aus seiner emotionalen, motorischen sowie kognitiven Entwicklung heraus. Das Kind schmiert und malt sogenannte Urformen, z. B. Kreise, Kreuze und Spiralen, dies gilt als früheste Art der Zeichnung, die ein Kind als bildnerischen Ausdruck hinterlässt. Das Kind steht in der Phase des Entdeckens und Kontrollieren seiner Körperbewegung, deshalb lernt das Kind gezielt das Greifen von Gegenständen und ebenso das richtige Halten eines Stiftes. **Die figurative Phase bzw. der Beginn des kindlichen Realismus (Alter: ca. 3-6 Jahre)** bedeutet, dass sich das Kind das Zeichnen von Grundformen aus Wissen und Erfahrung aneignet sowie motorisch und kognitiv weiter entwickelt. Die erworbenen Grundformen werden immer detaillierter dargestellt. Der Mensch ist das Hauptthema, das abgebildet wird. Der „Kopffüßler" (der Mensch ohne Körper) entsteht. Die Kinder malen die Körperproportionen immer differenzierter. Der Mensch bekommt einen Körper, später Hals und Finger, Zehen werden gezeichnet. Es wird nicht perspektivisch gemalt und die Größe und Proportionen entsprechen nicht der Wirklichkeit, weil das Kind es nicht beherrscht, dass beispielsweise eine Kuh vier gleich lange Beine hat oder der Mensch wird größer gemalt als der Baum. **In der Phase des visuellen Realismus (Grundschulalter, ca. 6-9 Jahre)** verschwinden immer mehr Merkmale der kindlichen Zeichnung. Das gemalte Bild wird differenzierter und realitätsnah dargestellt. Es zeichnet die sichtbaren Dinge perspektivisch und gestaltet Farben und

---

[11] Vgl. Jaszus: Sozialpädagogische Lernfelder für Erzieher, S. 443

Formen bewusster nach den Proportionen der Wirklichkeit.[12]

Kommen wir nun auf den Übergang zur **Zeichenentwicklung des Jugendlichen**. Der Jugendliche ist in der Identitätsphase. (Er befindet sich im Prozess der Selbstfindung und Entdeckung seiner wahren Identität, wobei er weiß, wer er ist und wie er sich in die Gesellschaft einbindet und in seiner Entwicklung Krisen bewältigt). Somit setzt sich der Jugendliche mit der Welt auseinander.[13]

Die Jugendlichen hinterfragen bestehende ethische Werte und wollen möglichst realistisch zeichnen. Bildinhalte wie Liebe, Einsamkeit, Gerechtigkeit, Selbstvertrauen usw. sind prägend, (also meist), weil der Jugendliche sich mit diesen Eigenschaften identifiziert. Bei den Jugendlichen bezieht sich kreatives Gestalten auf seine visuelle Umwelt, wie z. B. Idole und Stars aus Filmen, Serien oder Musikszenen. Es werden gerne Poster oder div. andere Abbildungen von ihnen gesammelt und nachgezeichnet. Desweiteren werden Kleidung, Wohnung und Verkehrsmittel sowie Internetpräsenz aus seiner Umwelt wahrgenommen und danach kreativ gearbeitet. Farbe wird selten eingesetzt, das Zeichnen steht mehr im Vordergrund. „[…] Zeichentechniken und Themen, die auf genauer Beobachtung sowie auf der Gestaltung von Hell-Dunkel-Kontrasten oder Schattenstudien (mit Schraffuren) beruhen, finden großen Anklang […]".[14] Wenn Jugendliche mit Farbe arbeiten, dann versuchen sie die Farbe möglichst so zu mischen, dass sie Schattierungen und Lichtverhältnisse nahezu realistisch gestalten. Parallel- und Zentralperspektive lernen und beherrschen Jugendliche erst in der Schule. Raumwahrnehmung steht dabei im Vordergrund. Jugendliche brauchen dementsprechend fachliche Anleitung, weil sie möglichst „perfekte" und realistische Ergebnisse erzielen wollen, gelingt es ihnen nicht, verzichten sie sonst auf die Raumdarstellung. Bei Menschendarstellungen zeichnen die Jugendlichen mit entsprechenden Details und achten auch hier auf eine möglichst realistische Zeichnung. Aus Enttäuschung und Ablehnung finden viele Jugendliche nicht mehr den Zugang zum gestalterischen Zeichnen. Hier gilt es den Jugendlichen mit Angeboten im abstrakten und experimentellen Bereich zu motivieren, um die gestalterischen Fähigkeiten des Jugendlichen zu unterstützen und weiterzuentwickeln.[15]

---

[12] Vgl. Dienstbier, Akkela: Kinder, Kunst und Kompetenzen, S. 204-213

[13] Vgl. Stangl, Werner; Phasen der psychosozialen Entwicklung nach Erik Homburger Erikson, URL: http://arbeitsblaetter.stangl-taller.at/PSYCHOLOGIEENTWICKLUNG/EntwicklungErikson.shtml, 21.04.2013, 00:20 Uhr

[14] Siehe Dienstbier, Akkela: Kinder, Kunst und Kompetenzen, S. 216

[15] Vgl. Dienstbier, Akkela: Kinder, Kunst und Kompetenzen, S. 215-216

3. Angebotsreihe zum Thema „Mit Farben experimentieren" – (Praxisdarstellung)

Nachdem ich einige Begrifflichkeiten und den theoretischen Rahmenbezug zur Praxisdarstellung erläutert habe, möchte ich zunächst meine Praxisstelle kurz vorstellen und anschließend meine Angebotsreihe näher darstellen.

3.1. Praxisstelle: Förderschule Hauskoppelstieg

Die Schule ist eine Förderschule, die sich nach den Richtlinien der Grund- und Hauptschule richtet. Die Schüler haben unterschiedliche schulische Vorerfahrungen und individuelle Bedürfnisse. Schulische Inhalte im Unterricht werden auf das individuelle Lerntempo der Schüler angepasst. Es wird in kleinen Gruppen (jede Klasse hat ca. 12-15 Schüler) mit zwei Klassenlehrern gearbeitet. Überwiegend werden Schüler aufgenommen, die über Jahre hinweg schwerwiegende Lernprobleme aufweisen. Vor der Aufnahme, wird eine ausführliche Diagnostik erstellt. Es werden viele individuelle Förderangebote bereitgestellt, wie z. B. verschiedene Kursangebote, unterschiedliche Angebote zur Berufsvorbereitung, individualisierte Lernvereinbarungen usw. Die Förderschule legt besonderen Wert darauf, soziale Lernprozesse zu fördern. Desweiteren arbeitet die Schule schwerpunktmäßig zum Thema Gewaltprävention.

3.2. Kurze Beschreibung der Jugendlichen und Motivation

David, ein zwölfjähriger Junge, liebt über alles freihändig zu Zeichnen. Während des Unterrichts fällt es ihm schwer sich zu konzentrieren. Er zeichnet stattdessen lieber. Er ist ständig abgelenkt bzw. lässt sich gerne ablenken, sodass er oft im Nebenraum alleine arbeiten muss. Er versteht sich gut mit seinen Mitschülern und hat Freunde in der Klasse. Ab und zu ärgert er die Mitschüler, die er nicht so gerne mag und ist des Öfteren laut. **Sandra** ist auch zwölf Jahre alt. Sie mag sehr gerne Bilder ausmalen und nackte Silhouetten mit oder ohne Schablonen Kleidungen gestalten, die sie aus dem Malbuch von „Top Model" verwendet. Sandra macht im Unterricht oft nicht mit und verweigert ihre Leistungen. Sie lässt sich – wie auch David - ständig leicht ablenken und hat Schwierigkeiten, die gestellten Arbeitsaufgaben zu erledigen bzw. sich auf die Aufgaben zu konzentrieren. Beide Schüler haben Lern- und Konzentrationsschwächen sowie mangelnde Ausdauer und Geduld. Ich kann aus meinen Beobachtungen entnehmen, dass die beiden gerne Bilder gestalten und eine Phase benötigen, um zur Ruhe zu kommen. Einmal in der Woche führe ich mit den beiden ein kreatives Angebot durch, um sie im kreativen Bereich zu unterstützen. Sie sollen ihr schöpferisches Potenzial entfalten und die Grundkompetenzen in der kreativen Gestaltung entwickeln sowie die kreative Persönlichkeit (und den kreativen Prozess) zum individuellen Ausdruck bringen. Zum anderen sollen die beiden durch diesen kreativen Prozess zu ihrer inneren Ruhe finden.

Ich möchte den beiden die Möglichkeit geben, dass sie sich während des gestalterischen Prozesses entspannen können und auf diesem Wege ihre Konzentration stärken und eigenständig problemlösendes Handeln erarbeiten. Durch das Finden verschiedener Lösungen werden die Schüler offener, sind bereit zu experimentieren und erkennen unterschiedliche Elemente, die sie herstellen können. Außerdem gibt es keinen Leistungs- und Erfolgsdruck, deshalb vermeide ich jede Art von Arbeiten mit Schablonen (produktorientiertes Gestalten), weil die eigenen gedanklichen Leistungen nicht hervorgehoben werden können. In der Theorie wird die Gefahr beschrieben, dass viele Jugendliche das bildnerische Gestalten aus Enttäuschung aufgeben. Aus diesem Grund möchte ich sie mit Angeboten motivieren, in denen sie frei experimentieren und mit abstrakten Malereien gestalten können.

3.3. Übersicht der Angebotsreihe

Der Farbkreis nach Johannes Itten – (Farbtheorie):
Johannes Itten war Maler und Kunstpädagoge. Die Schüler haben nach seiner Farbtheorie den Farbkreis mit drei Grundfarben (rot, blau, gelb) gemischt und den Farbkreis ausgemalt. Durch das Mischen der Farben bekommen die Schüler ein Grundverständnis für die Farbmischung (z. B. können die Schüler unterschiedliche Orangetöne mischen) und können dies dementsprechend bei der Gestaltung eigener Bilder einsetzen. Das Experimentieren mit den Farben nutze ich als Basis, um das Grundverständnis für die nachfolgenden Angebote herzustellen. Auch bei diesen Angeboten liegt der Aspekt auf das Ineinanderlaufen bzw. die Entstehung neuer Farben. Gleichzeitig ist diese Methode (experimentieren mit Farben) als Anregung zur Motivation sehr gut geeignet. In der Praxis halte ich den Teil der Theorie kurz, damit die Aufmerksamkeit der Schüler vorhanden ist und bestehen bleibt.

Wasserfarben: Die Farbspritz-Technik und Nass-in-Nass-Technik
Nass-in-Nass-Technik: Die Schüler lernen eine neue Technik kennen; sie malen mit Tusche oder verdünnte Tempera Farbe auf dem feuchten Papier, wodurch die Farben ineinanderlaufen. **Farbspritz-Technik:** Flüssige Farbe stellen die Schüler selbständig her und füllen sie in unterschiedliche Behälter, beispielsweise in eine Einwegspritze, leere Shampoo Flasche, Tüte mit Löchern usw. und experimentieren. Die Schüler erkennen neue Farbverläufe und verstehen den Prozess, dass sich die Farben untereinander mischen und dadurch neue Farbtöne entstehen.

Farbschaum und Fadentechnik
Fadentechnik: Die Schüler nehmen ein Stück Wolle und bemalen sie komplett mit Farbe. Anschließend legen sie den Faden auf das Papier, falten das Blatt einmal und ziehen den

Faden in eine bestimmte Richtung. **Farbschaum:** In einem kleinen Behälter mischen die Schüler die Wasserfarbe mit ein paar Tropfen Spülmittel und pusten mit einem Strohhalm in die Farbe, sodass Schaum entsteht. Die Schüler experimentieren mit Farbschäumen. Sie lernen verschiedene Farbnuancen kennen und können diese benennen.

Pustekunst und Klecksbilder

Pustekunst: Die Schüler tragen Farbkleckse aus Wasserfarbe auf das Blatt und pusten mit dem Strohhalm unterschiedliche Muster. **Klecksbilder:** Die Schüler falten das Blatt in der Mitte und bemalen, tupfen oder beklecksen nur die eine Hälfte des Blattes und falten es erneut zusammen. Die Farbflecken können unterschiedliche Muster oder Motive darstellen und anschließend nach Belieben weiter bemalt werden. Durch beide Techniken können die Schüler bewusst ein bestimmtes Objekt gestalten.

3.4. Planung und Reflexion des Angebotes „Die Farbspritz-Technik & Nass-in-Nass Technik"

Ziele:

- **Grobziel:** Die Schüler lernen unterschiedliche kreative Methoden zur Ideenfindung kennen und können diese Methoden anwenden, damit die gemachten Erfahrungen auf neues Material übertragen werden können.
- **Feinziele:**
  ✓ Die Schüler beobachten den Verlauf der Farben und benennen die neuen Mischfarben, damit ihre Aufmerksamkeit und Sinne geschärft werden.
  ✓ Die Schüler erzählen was sie nach ihren eigenen Vorstellungen gestalten möchten und können anhand der Farbspritz- und Nass-in-Nass Technik das gewünschte Ziel gestalten.

Mögliche Schwierigkeiten: Die Schüler könnten sich gegenseitig mit Farbe bespritzen, weil sie sich gerne gegenseitig ärgern.

Einstieg: Ich begrüße die beiden Schüler, gehe kurz auf die Verhaltensregeln ein und erkläre ihnen anschließend, was ich mit ihnen vorhabe: Die Schüler bekommen von mir ein leeres Blatt Papier (DIN A3). Ich erkläre, dass sie mit drei Grundfarben malen (aquarellieren) dürfen. Die Grundfarben rot, blau und gelb werden von den Schülern nach eigenen Vorstellungen gemischt, es entstehen verschiedene neue Farbkombinationen und Nuancen. Zu Beginn lernen die Schüler die Nass-in-Nass-Technik kennen: Das Papier wird komplett durchnässt und auf den Tisch gelegt. Es kann mit dünnen Pinseln gearbeitet werden, wobei feine Linien entstehen können. Bei Tropfen auf das nasse Papier, entstehen effektvolle

Punkte. Mit dicken Pinseln haben die Schüler die Möglichkeit, die Farbe breitflächig zu malen. Die ausgewählten Flüssigfarben können nun auf das Papier aufgetragen werden. Der Effekt ist, dass beim Auftragen der Farben auf dem nassen Papier die Farben ineinander fließen, sich vermischen und dadurch neue Farbtöne entstehen. Durch das Ineinanderlaufen der Farben entstehen sogenannte „Wassernixen" (kleine fein zerlaufende Adern).

Hauptteil: Die Schüler sitzen an ihren Plätzen und beginnen mit der Farbspritztechnik: Farben können auf vielerlei Arten gespritzt werden, z. B. füllt man flüssige Farbe in Einwegspritzen oder leere Shampooflaschen sowie in eine kleine Plastiktüte, die man vorsichtig zuknotet und mit einer Nadel ein paar Löcher in die Tüte sticht. Die Schüler können auch mit Pinseln spritzen. Die Schüler probieren verschiedene Materialien selbständig aus, mit denen sie am besten zurechtkommen. Ich gebe, bei Bedarf, Hilfestellungen und betone, dass sie so arbeiten dürfen, wie sie es sich vorstellen.

Schluss: Die Schüler bringen ihre Bilder zum Trocknen weg. Anschließend säubern wir den Arbeitsplatz. Für die Aufräumphase plane ich mehr Zeit ein, weil intensiv mit Farbe und Wasser gearbeitet wird. Als Abschluss reflektieren die beiden Schüler das eigene Bild bzw. die Bilder und erzählen etwas darüber. Dazu gebe ich anregende Leitfragen, beispielsweise wie sie zu diesem Ergebnis gekommen sind, ob es ihnen Spaß gemacht hat, ob sie diese Technik wieder ausprobieren würden usw. Zu guter Letzt wählen die Schüler eine Überschrift für ihre Bilder, die sie mit ihrer Fantasie verbinden und lernen sich der eigenen Ausdrucksmöglichkeit bewusst zu werden.

Reflexion des Angebots: **Die Schüler:** Sandra und David kennen sich seit dem Kindergarten. Immer wieder ärgerten sie sich gegenseitig, indem sie sich beleidigten oder negative Bemerkungen machten. Sie „stachelten" sich gegenseitig auf. Es hörte so lange nicht auf, bis ich dazwischen ging. Deswegen führte ich eine „Strich-Liste", damit sie sehen, wie oft sie sich schlecht benommen haben. Die „Strich-Liste" sollte dazu dienen, damit die beiden sich reflektieren können und das nächste Mal vornehmen, besser miteinander umzugehen und jeweils weniger Striche auf der Liste zubekommen. Beim Gestalten der Bilder war es deutlich zu beobachten, dass die beiden unkonzentriert arbeiteten, weil sie sich ständig ärgerten. Beide lieben kreatives Gestalten und das drücken sie auch verbal aus. Jedoch hatten sie generell Schwierigkeiten während des Gestaltungsprozess konzentriert zu arbeiten, weil sie wenig Ausdauer hatten. Ich führte deshalb kleine Pausen ein, in denen sie z. B. für 3-4 Minuten aus dem Fenster schauen durften, um anschließend wieder arbeiten zu können. Die Schüler hatten trotz der Konzentrationsschwäche viele Bilder gestaltet und bewältigten die gestellten

Aufgaben. **Die Planung:** Ich denke, dass ich auf die aktuellen Bedürfnisse der Schüler eingegangen war, weil die Schüler kreatives Gestalten mögen und (wie bereits erwähnt) es verbal ausdrücken. Eine Kritik seitens der Schüler hatte ich nicht erhalten, (wie z. B. „Wir wollen lieber Zeichnen" oder „Das ist doch Kinderkram, können wir nicht was anderes machen?!" usw.) Dies hatte mir gezeigt, dass sie gerne experimentieren und ausprobieren wollten. Da ich die Abschlussphase immer mit Reflexion der Schüler plante, erfuhr ich auch von beiden, dass es ihnen Spaß machte und sie den Unterricht gut fanden. Aus der Reflexion der Schüler entnahm ich ihre Bedürfnisse und Interessen, ging dementsprechend darauf ein und berücksichtigte diese für die nächste Planung. **Mein Erzieherverhalten:** Ich ließ den beiden viel Freiraum und gab ihnen so viel Zeit, die sie für das Gestalten ihrer Bilder brauchten. Dies machte ich deutlich, indem ich es ihnen immer wieder mitgeteilt hatte. Während die Schüler ihre Bilder gestaltet hatten, beobachtete ich sie. Ich fragte zwischendurch, ob sie Hilfe bräuchten, jedoch war keine Hilfe wünschenswert. Sandra machte deutlich mehr Bilder als David. Wenn sie mit ihrem Bild fertig war, zeigte sie mir stolz ihr Bild. Ich gab ihr die gewünschte Aufmerksamkeit, indem ich Fragen stellte, wie z. B. „Hast du das bewusst so gestaltet oder war das Zufall?" oder „Du hast viel Lila benutzt, was waren da deine Gedanken?" usw. Durch diese Fragestellungen wollte ich Impulse geben. Einfache Reaktionen, wie z. B. „Ohh, toll!" oder „das sieht schön aus" wäre eine oberflächliche Aufmerksamkeit gewesen. Mir war wichtig über ihr Kunstwerk das Gespräch zu suchen und somit die Anerkennung ihres Bildes hervorzuheben, wie tatsächlich schön das gestaltete Bild geworden war. Wenn man über das Bild spricht, dann fühlt sich die Schülerin ernstgenommen, das Gefühl der Selbstwirksamkeit wird gestärkt und wird ermutigt, weitere Bilder kreativ zu gestalten. In meiner Rolle hatte ich mich wohl gefühlt, weil die Schüler mich auch ernstgenommen hatten und auf mich hörten, auch wenn es des Öfteren laut war. Obwohl ich darauf vorbereitet war, hatten die Schüler sich nicht mit Farbe bespritzt. Allerdings kam es beim Aufräumen zu kleinem Chaos. Die beiden ärgerten sich wieder und schmissen mit nassen zerknäulten Papiertüchern. Ich wies auf unsere Verhaltensregeln und wurde etwas laut, weil sie weitergemacht hatten.

<u>Überprüfung der Feinziele:</u> Das Ziel, dass die Schüler den Verlauf der Farben beobachten und benennen können, welche neuen Farbmischungen entstanden sind, konnte erreicht werden. Sie hatten schon beim Auftragen der Farbe genauer hingesehen, wie die Farbe zerläuft. Allerdings hatten die Schüler nicht von sich aus die Farben benannt, erst durch meine Fragestellung waren die Schüler darauf eingegangen. David fragte mich, was er malen sollte. Ich antwortete ihm, dass er sich das aussuchen könnte. Ich merkte, dass er Schwierigkeiten

hatte, eine Idee zu finden. Nach kurzem Überlegen begann er mit dem Gestalten seines Bildes. Er wollte etwas Bestimmtes gestalten, Sandra dagegen begann einfach zu experimentieren und frei zu gestalten, deshalb gestaltete sie mehr Bilder als David. Beide hatten selbständig ihre gewünschten Farben gemischt und verwendet. Beide waren offen und erzählten kurz über ihre Bilder: Sandra meinte, dass es ihr Spaß gemacht hatte und sie den Unterricht gut fand. Sie hatte viele Bilder gemalt, weil sie alles schnell lernen und deshalb viele verschiedene Bilder machen könne. David war derselben Meinung wie Sandra, nämlich, dass es ihm auch Spaß gemacht hatte und ihm der Unterricht gut gefiel. Beim Gestalten des Bildes hatte er lange überlegt, was er malen soll, es war schwer für ihn eine Idee zu finden. Beim Reflektieren der Bilder hatte ich gemerkt, dass beide Schwierigkeiten hatten, sich verbal auszudrücken. Sie erzählten in kurzen knappen Sätzen, dass sie ihre Bilder schön fanden, wollten jedoch nicht näher darauf eingehen. Deshalb hatte ich versucht, heraus zu finden, was sie genau schön fanden oder wie die Idee entstanden war. Durch das eigene Reflektieren wollte ich hervorheben, dass die Schüler sich individuell ausdrücken können und ihre eigenen Ausdrucksmöglichkeit finden. Leider ist dieses Ziel bedingt erreicht worden, weil die beiden Schüler Schwierigkeiten hatten sich verbal zu äußern, wobei ich der Meinung bin, dass sie es mit Übung schrittweise erarbeiten können. David und Sandra hatten neue Methoden der kreativen Gestaltung erlernt, dies konnte ich erkennen, weil sie nicht nur ein Bild, sondern mehrere Bilder mit der erlernten Technik gestaltet hatten. Allerdings konnte dieses Grobziel teilweise erreicht werden, weil David die gemachten Erfahrungen auf neue Ideen nicht übertragen hatte. Er hielt sich nur bei einer Technik pro Bild fest, so gestaltete er das eine Bild mit der Nass-in-Nass-Technik und das andere Bild mit der Spritztechnik. Er hatte die Möglichkeit zu kombinieren und neue Ideen einzubringen, dies zeigte ich ihm, indem ich ihn direkt darauf ansprach, jedoch wollte er meinen Vorschlag nicht annehmen. Sandra dagegen hatte das Ziel erreicht, weil sie bei der Anwendung der Nass-in-Nass-Technik auch die Spritz Technik anwendete. Sie hatte die beiden erlernten Methoden auf einem Bild angewendet, die sie mir auch mit Stolz zeigte.

3.5. Planung und Reflexion des Angebotes „Pustekunst & Kleksbilder"

Ziele:
- **Grobziel:** Die Schüler haben Spaß und Freude an der Arbeit mit verschiedenen Farben und Materialien. Sie üben Ausdauer und Frustrationstoleranz, um ihr geplantes Ziel zu erreichen. Dabei erweitern sie ihre Fähigkeiten, Fantasie zu entwickeln sowie genießen und entspannen zu können.

- **Feinziele:**
  ✓ Die Schüler können (bei dem Klecksbild und Pustekunst) bestimmte Muster oder Objekte nach Wahl bewusst gestalten, weil sie verschiedene Techniken kennen und anwenden können.
  ✓ Sie können Risiken abschätzen, wie z. B. können beim Tragen des Bildes die Farben zerlaufen, wenn zu viel Flüssigfarbe verwendet wird. Dadurch verändert sich das Bild und ein anderes ungewolltes Ergebnis kann entstehen.

Mögliche Schwierigkeiten: Auch hier ist zu erwarten, dass die Schüler sich gegenseitig mit Farbe bespritzen könnten, weil sie sich gerne gegenseitig ärgern. Sollte eines der Schüler das oben genannte Risiko nicht abschätzen können, könnte Frustration entstehen, weil das Bild seinen Vorstellungen nicht mehr entspricht und ein unerwünschtes Ergebnis entsteht.

Einstieg: Ich begrüße die beiden Schüler. Nach einer kurzen Wiederholung der Verhaltensregeln, erkläre ich anschließend den Stundenablauf: Die Schüler erhalten von mir ein leeres Blatt Papier (DIN A3). Ich erkläre, dass sie mit drei Grundfarben malen (aquarellieren) dürfen. Die Grundfarben werden benutzt, damit die Schüler selber Farben und Nuancen nach ihren eigenen Vorstellungen mischen können und die Gelegenheit bekommen, das im Angebot zuvor Gelernte anzuwenden. Zum Einstieg beginnen die Schüler mit der Pustekunst Technik. Mit einem Pinsel (oder einer Pipette) wird flüssige Farbe auf das Papier getropft. Entweder direkt oder mit Hilfe eines Strohhalms kann man auf die flüssigen Farbtropfen pusten. Mit dieser Pustetechnik kann man mit etwas Übung gezielte Motive malen. Die Schüler bekommen von mir die Aufgabe, nach eigenen Vorstellungen ein Muster oder Objekt zu gestalten. Sie lernen sich selbst ein Ziel zu setzen und danach zu arbeiten. Die Konzentrations- und Entspannungsfähigkeit wird gestärkt. Der Schüler ist im Prozess der Ideenfindung. Seine Konzentration gilt diesem Prozess.

Hauptteil: Die Schüler beginnen mit der Klecksbild-Technik: Für die Klecksbilder nimmt man dickflüssige Farben und dicke Pinsel (z. B. Borstenpinsel). Ein Blatt Papier wird einmal in der Mitte gefaltet und wieder aufgeschlagen. Man bekleckst nur die eine Hälfte des Blattes. Nun wird das Papier erneut zusammengefaltet, so dass der Farbauftrag innen liegt. Man streicht vorsichtig mit dem Handrücken über das Papier und verteilt die Farben im Blattinnern. Wenn man das Blatt wieder öffnet, entstehen dann verschiedene Motive. Die Aufgabe besteht darin, frei auszuwählen, was sie malen möchten, wie z. B. ein wildes Tier, Hexe, eine Landschaft usw. Es ist für die Schüler eine Herausforderung, nach einem bestimmten Ziel zu gestalten, weil es nicht einfach ist, nur auf einer Hälfte des Blattes zu arbeiten. Hier wird die Objekt-Wahrnehmung gefördert, das bedeutet, dass die Vorstellung eines Motives symmetrisch (das auf beiden Seiten eines Objektes gleich- und ebenmäßig verteilt ist, wie ein Spiegelbild) gemalt werden muss, damit aus der einen Hälfte ein ganzes Motiv entsteht. Durch diese Beschäftigung wird die Aufmerksamkeit und Konzentration der beiden Schüler erhöht. Sie gestalten ihr kreatives Bild, die sie auf dem Papier zum Ausdruck bringen.

Schluss: Die Schüler bringen ihre Bilder zum Trocknen und anschließend wird der Arbeitsplatz aufgeräumt. Beim Wegräumen der Bilder beobachte ich die Schüler, ob sie das Risiko ein. Auch hier habe ich für die Aufräumphase mehr Zeit eingeplant, weil viel mit Materialien gearbeitet wird. Zum Abschluss setzen wir uns auf unsere Plätze und reflektieren gemeinsam die entstandenen Kunstwerke. Ich frage, was schwierig beim Gestalten des Objektes war und ob sie mit ihren Kunstwerken zufrieden sind und ob sie diese Technik wieder ausprobieren werden? Die Schüler sollen ihren Bildern einen Namen bzw. Überschrift geben, zum einen um die Fantasie anzuregen und zum anderen ihren Bildern Ausdruck zu verleihen.

Reflexion des Angebots: **Die Schüler:** Im Verlauf dieser Aktivität verhielten sich beiden Schüler etwas ruhiger im Verhältnis zu den anderen Angeboten. Zwischendurch kamen immer wieder Beleidigungen und Provokationen, aber beide hatten sich Mühe gegeben, um sich zurückzuhalten. Beide hatten gute kreative Ideen zu ihren Bildern eingebracht, es sind tolle Ergebnisse entstanden. David hat mit der Klecksbild-Technik eine Person gemalt, bei der quasi die Muskeln ohne Haut zu sehen waren. Sandra experimentierte und so gestaltete sie einen Schmetterling. Bei den Pustekunst Bildern sind auch tolle Ergebnisse entstanden. David und Sandra hatten eine Landschaft „gepustet". Beide waren diesmal konzentrierter am Arbeiten. Jedoch merkte ich erneut, dass Sandra und David an Ausdauer und Disziplin fehlte. Sie hatten ständig geredet und waren nicht ganz bei der Sache. **Die Planung:** Ich denke, dass ich den Ablauf und die Struktur gut vorbereitet hatte. Materialien hatte ich vorher bereitgestellt, damit das Angebot planmäßig durchgeführt werden konnte. Mit möglichen Schwierigkeiten bei der Durchführung des Angebots hatte ich gerechnet und deshalb mehr Zeit eingeplant. Der gelungener Einstieg als Motivation, ist für den Übergang zum Hauptteil sehr wichtig für mich. Die Schlussphase gestaltete ich mit einer Reflexionsrunde, damit die Schüler lernen, sich der eigenen Gefühle bewusst zu werden und ihnen individuellen Ausdruck verleihen. **Mein Erzieherverhalten:** Ich verhielt mich gegenüber den beiden stets offen und hielt viel direkten Augenkontakt, damit die beiden mich wahrnehmen. Ich hatte das Gefühl, dass sie mich dadurch besser wahrnehmen, als wenn ich einfach nur gesagt hätte:

„Hört bitte auf damit!". Durch den Augenkontakt und meine aufrechte Körperhaltung hatte ich besseren Zugang zu beiden, so dass sie sich wieder schnell ihren Aufgaben zuwandten. Ich merkte auch, dass ich viele verbale Impulse gesetzt hatte, beispielsweise erhob ich meine Stimme und wurde laut, genau wie die beiden, damit wieder Ruhe einkehrte. Ich denke, dass die beiden nicht nur Interesse an diesem Angebot hatten, sondern auch mir gegenüber Interesse zeigten. Ich spürte, dass Sandra und David sich öffneten und Interesse für eine Beziehung zeigten. Sie erzählten oft von zu Hause und zeigten viele Fotos. Sie hatten Vertrauen zu mir, dass alles im Raum bleibt und nichts nach außen getragen würde. (Zum Anfang der ersten Angebote teilte ich den beiden mit, dass alles gesprochene im Raum bleibt. Dies war ein Teil unserer Vereinbarung, damit ein gemeinsames Vertrauen und Wachsen in der Gruppe möglich ist und niemand ausgelacht oder erniedrigt wird, was den Respekt gegenüber unseren Mitmenschen unterstützen sollte). Ich hörte den beiden viel zu und erzähle wenig von mir, stattdessen lenkte ich unseren Dialog immer auf David oder Sandra. In unserem Raum versuchte ich eine angenehme Atmosphäre zu schaffen, indem die beiden Musik hören durften, damit sie nicht unter Druck stehen und sich entspannen, damit sie ihrer Kreativität freien Lauf lassen konnten. Eine Herausforderung war für mich, die beiden davon abzuhalten sich gegenseitig zu beleidigen. Die Strichliste war eine gute Methode, die beiden auf die Verhaltensregeln hinzuweisen bzw. den Umgang miteinander zu verbessern. Manchmal fühlte ich mich nicht wohl, weil ich oft auf die Verhaltensregeln hinweisen musste und ich zum Teil selbst laut wurde.

<u>Überprüfung der Ziele:</u> David und Sandra hatten deutlich Spaß und Freude an diesem Angebot, dies konnte ich erkennen, weil beide viele Bilder gemacht hatten und sie jedes Mal, bevor sie sie zum trocknen legten, mir diese mit Begeisterung zeigten. Beide waren kreativ und entwickelten Fantasie. Ich gab den beiden die Aufgabe, dass sie Muster oder Objekte nach Wahl gestalten sollten. Dieses Feinziel konnten sie erreichen, weil sie mir vorher mitgeteilt hatten, welches Muster sie „klecksen" und die bekleckst en Bilder hatten ihren Aussagen bzw. Vorstellungen entsprochen. Auch beim Pusten der Landschaft hatten beide Schüler das gewünschte Ergebnis erzielt. Jedoch das Grobziel, die Fähigkeit genießen und entspannen zu können konnte wiederum nicht erreicht werden. Beide waren im Gestaltungsprozess sehr unruhig und ständig abgelenkt, sodass keine von beiden diesen Prozess genießen konnte. Das Ziel, Ausdauer und Frustrationstoleranz, bei der Gestaltung eines Wunschbildes durch Anwendung beider Techniken, zu üben, konnte als Ziel erreicht werden. David konnte das Feinziel erreichen, das Risiko abzuschätzen, dass beim Tragen des Bildes die Farben in unterschiedliche Richtungen zerlaufen könnten. Er wartete einige

Minuten auf seinem Platz und trug sein Bild anschließend langsam und vorsichtig zum Trocknen. Bei Sandra war es nicht der Fall, sie hob ihr Bild ohne zu überlegen und wollte es zum Trocknen bringen. Bereits beim ersten Tragen merkte sie, dass die flüssigen Farben in unterschiedliche Richtungen zerliefen. Sie reagierte mit einem Aufschrei und lief schnell zur Bank, wo die anderen Bilder bereits trockneten. Sie war aber nicht frustriert, dass sich ihr Bild etwas verändert hatte. Sie hatte das Feinziel, Risiken abschätzen zu können, nicht erreicht.

3.6. Zusammenfassende Reflexion des mehrteiligen Angebotes (Theorie-Praxis-Verknüpfung)

Zielüberprüfung: Die Schüler hatten erkannt, dass der Schwerpunkt bei der Angebotsreihe auf das Experimentieren und die dabei gemachten Erfahrungen lag. In den Arbeitsphasen machten sie Erfahrungen mit unterschiedlichen Materialien und lernten verschiedene kreative Techniken kennen. Der Prozess des Gestaltens war bedeutend und nicht das Endprodukt. Bei David hatte ich das Gefühl, dass er dies nicht verstanden hatte oder sich zum Teil nicht auf das Experimentieren einlassen wollte, weil er versucht hatte, ein perfektes Ergebnis zu gestalten. Beispielsweise arbeitete er beim Gestalten seines Bildes sehr sorgfältig, setzte Farben so ein, die möglichst realitätsnah war und brauchte lange dafür, bis es fertig wurde. Sandra dagegen hatte einfach begonnen und irgendetwas gemacht, sodass sie auch deutlich mehr Bilder gestaltet hatte. Die Theorie (Zeichenentwicklung des Jugendlichen) wird bestätigt, dass Jugendliche möglichst Farben nach unterschiedlichen Schattierungen mischen. Dies hatte ich bei Davids Bildern erkennen können. Während des Gestaltungsprozesses hatten sich die Schüler nicht unter Druck gefühlt, sie ließen sich Zeit beim Ausprobieren und arbeiteten eigenständig nach ihren Vorstellungen heraus, weil ich keine konkreten Vorgaben gegeben hatte (außer kleine Impulse, wie z. B. ein Motiv nach eigener Vorstellung zu malen). Durch die Angebotsreihe hatten die Schüler die Möglichkeit erhalten, beim Experimentieren selbst zu bestimmen und ihre Fantasie frei auszuschöpfen. Durch die unterschiedliche Anwendungen von Techniken sowie spontanes Malen und Ausprobieren wurde das Ziel erreicht. Das Ziel, dass die Schüler durch prozessorientierte Gestaltung zur Ruhe kommen und ihr inneres Gleichgewicht finden, wurde nicht erreicht, weil David und Sandra sich ständig gegenseitig ärgerten (und zwei temperamentvolle Individuen sind). Die Zusammenstellung der Gruppe stimmte nicht. Beide bräuchten entweder eine Einzelbetreuung oder einen Partner, mit dem sie harmonieren können.

Beobachtungen bei den Schülern: In der Gesamtbetrachtung hatten David und Sandra während der Angebotsreihe unterschiedlich gearbeitet. Bei der Arbeit mit dem Farbkreis waren sie deutlich konzentrierter als bei der Arbeit mit der Pustekunst und der Klecksbild-

Aysel Kapuci   E11-2-2/ 5.Semster   Unterstützung von Kreativität

Technik. Ihre Stimmung war unterschiedlich, mal unruhig oder mal ruhiger. Trotz der unterschiedlichen Verhaltensweisen, schienen sie mich als Anleiterin zu akzeptieren und gingen respektvoll mit mir um. Sandra und David hatten an jedem Angebot Spaß und waren interessiert am Experimentieren mit Farben, obwohl es David manchmal schwerfiel. Dies war deutlich erkennbar. Wenn er mit seinem Bild fertig war, wollte er die letzten Minuten vor der Pause freihändig Zeichnen. Er zeichnet überwiegend gerne sein Idol (Name: „Altair" aus dem Spiel „Asson´s Creed" für die Playstation 3 Spielkonsole). Hier nimmt er nur seinen Bleistift und zeichnet frei aus dem Kopf. Die letzten Freiminuten erlaubte ich ihm, frei zu zeichnen.

Auch hier bestätigt sich die Theorie der Zeichenentwicklung des Jugendlichen: Kreatives Gestalten des Jugendlichen basiert auf seiner visuellen Umwelt, insbesondere Idole und Stars aus Filmen oder Serien sowie Musikszenen. Davids Idol ist zwar kein Star aus dem Film oder einer Serie, jedoch ein Idol aus einem bekannten Playstation 3 Spiel, das er gerne zeichnet. Er wendet viele Schattierungen an und setzt keine Farben ein. Für ihn steht das Zeichnen mehr im Vordergrund. Sandra ist deutlich nicht in dieser Phase wie David. Sie ist offen und frei für das Experimentieren und Ausprobieren. Sie mag nicht frei zeichnen.

<u>Reflexion des eigenen Erzieherverhaltens:</u> Die Vorbereitung und Durchführung meiner Angebotsreihe hatte ich alleine und ohne Unterstützung geplant. Lediglich bei den Anleitergesprächen hatte ich auf Schwierigkeiten der Verhaltensweisen der Schüler hingewiesen und besprochen, wie man besser mit ihnen umgehen könnte. Die Einführung der Strichliste und mehreren kleinen Pausen hatte ich aus dem Anleitergespräch entnehmen können. Dieses habe ich praktisch gut umsetzen können.

Für mich war das wichtigste Prinzip der Angebotsreihe, dass die Schüler die Erfahrung machen, den Prozess des Gestaltens individuell ausdrücken zu können und nicht das Produkt. Wesentlich war die Aktion, das Erschaffen an sich, der Mittelpunkt des Geschehens. Ich wollte den Schüler die Möglichkeit bieten, den Leistungsdruck in der Schule zu nehmen und die Kreativität zu unterstützen, damit sie zum einen zur Ruhe und Entspannung kommen und zum anderen die kreativen Fähigkeiten durch Zeichnen weiter entwickeln bzw. erweitern. Denn wie in der Theorie der zeichnerischen Entwicklung des Jugendlichen beschrieben wird, neigen viele Jugendliche aus Enttäuschung und Ablehnung dazu, das gestalterische Zeichnen aufzugeben. Deshalb wollte ich die beiden eher auf der experimentellen Ebene motivieren, sodass sie lernen zu verstehen, dass kreatives Gestalten nicht „perfekt und realitätsnah" sein muss, um ihre gestalterischen Fähigkeiten weiterzuentwickeln. Für mich war die Beziehung zu David und Sandra wichtig. Ich wollte, dass die beiden sich wohl fühlten und sich öffnen können. Ich denke, dass ich eine Atmosphäre im Raum geschaffen hatte, wo die Schüler ihre

Aysel Kapuci   E11-2-2/ 5.Semster   Unterstützung von Kreativität

Fantasien ausleben und ihre Wünsche und Bedürfnisse äußern konnten. Ich bin der Meinung, dass es mir gelungen war eine vertrauenswürdige Beziehung zu beiden Schülern hatte. Ebenfalls denke ich, dass meine Vorbereitung für die Angebote angemessen war, weil ich vor der Planung mögliche Schwierigkeiten abgeschätzt und versucht hatte, mich darauf einzustellen. Ich war in der Lage, nach meinen Angeboten, nicht nur die Situation und die Gruppe zu reflektieren, sondern auch auf mein Erzieherverhalten einzugehen. Ich tauschte meine Erfahrungen mit meiner Kollegin aus und reflektierte diese in den Anleitergesprächen, sodass ich mir neue Informationen bzw. Rückschlüsse ziehen und mögliche Fehler verbessern konnte.

Zusammenfassend denke ich, dass mein Erzieherverhalten angemessen war, weil ich während der Angebotszeit auf die Schüler entsprechend eingegangen bin und mit ihren Verhaltensweisen umgehen konnte. Für mich war es eine interessante Erfahrung mit den beiden Schülern zu arbeiten. Einige Situationen hatte ich nicht unter „Kontrolle", da von beiden Schülern Temperament und Auffälligkeiten stark ausgeprägt waren. Es gab positive und auch verbesserungswürdige Aspekte in meinem Verhalten, die ich immer wieder reflektieren werde.

Reflexion der Methode: Planungen und Recherchen führte ich alleine durch, da Hilfestellung seitens meiner Anleiterin nicht möglich war. Aus meinen Beobachtungen heraus hatte ich mich für eine Angebotsreihe mit prozessorientiertem Gestalten entschieden. Wie bereits erwähnt, hatten die Schüler großes Interesse und Spaß am freien kreativen Gestalten. Sie lernen unterschiedliche Techniken kennen und können frei ausprobieren und experimentieren. Ich wollte den beiden die Möglichkeit bieten, sich mit Farben auseinanderzusetzen und experimentelle Erfahrungen zu machen, die sie in im regulären Unterricht nicht bekommen. Im Unterricht wird viel mit Faser- und Wachsmalern sowie Tusche gemalt. Ich wollte vielseitige Gestaltungsmöglichkeiten anbieten, um bei den beiden das Interesse am Experimentieren zu wecken. Denn auch hier bestätigt die Theorie, dass Jugendliche selten Farben einsetzen, weil das Zeichnen mehr im Vordergrund steht. Und wenn sie Farben einsetzen, dann mischen sie, dass sie Schattierungen und Lichtverhältnisse möglichst realistisch gestalten. Und genau dies ist ein wichtiger Aspekt. Nicht jedem gelingt es, möglichst realistisch zu zeichnen und die Enttäuschung wächst umso mehr, sodass es dem Jugendlichen die Motivation nimmt, sich für die künstlerische Gestaltung zu interessieren und letztendlich aufgibt. Dieser Enttäuschung wollte ich entgegenwirken und die Schüler auf den Genuss des Experimentierens bringen. Da Jugendliche, wie bereits erwähnt, möglichst realistische Zeichnungen malen, achten sie dementsprechend auf Details, wo ins besonders

Schattierungen und Lichtverhältnisse einstimmen müssen. Hier würde die Frustration der Schüler schnell steigen. Ausdauer ist bei ihnen nicht vorhanden, da sie Lern- und Konzentrationsschwierigkeiten haben, deshalb wäre beispielsweise Perspektives Malen oder Menschenzeichnungen nicht die richtige Wahl gewesen. Die Schüler sollten erkennen, dass der Schwerpunkt dieser kreativen Arbeit im Prozess lag. Deshalb erklärte ich ihnen, dass wir uns mit Farben auseinandersetzen und viele Techniken ausprobieren. Dies gibt ihnen die Sicherheit, sich am Thema zu orientieren.

Meine Methode zielte auf Schwerpunkte wie Kreativität und Selbstreflexion ab. Durch meine Angebote konnten sich die Schüler individuell ausdrücken und lernten gleichzeitig sich selbst zu reflektieren. Durch die Methode des prozessorientierten Gestaltens konnten sie Spaß und Freude während des Gestaltens erfahren, da ohne Vorlage und Leistungsdruck gearbeitet werden durfte. Allerdings sollten die beiden auch zur Entspannung und Ruhe finden, wobei sie diese Erfahrungen nicht machen konnten, bedingt durch ihrer Verhaltensauffälligkeiten. Für die Methode des prozessorientierten Gestaltens halte ich die Arbeit mit Fingerfarben am geeignetsten, weil die Farbe aus Kleidung aus waschbar und für die Haut unschädlich ist. Die Farbe kann man noch flüssiger verarbeiten, sodass man unterschiedliche Verfahren anwenden kann. Tusche und Temperafarben kamen auch zum Einsatz, damit die Schüler unterschiedliche Materialerfahrungen machen konnten. Mit diesen Materialien hatten die Schüler ihren kreativen Gestaltungsprozess weiter entwickelt. Ich denke, dass Erfahrungen mit unterschiedlichen Farbmaterialien gemacht werden müssen, um Grenzmöglichkeiten während des Ausprobierens zu erfahren und diese für weitere kreative Ideen neu anwenden zu können.

8. Schlussteil/ Ausblick

Wir nähern uns zum Ausblick und somit zum Abschluss dieser Facharbeit, wo ich aus meiner Arbeit in der Förderschule durch Erfahrungen Konsequenzen und Schlussfolgerungen ziehe.

Durch die Wahl meiner Methoden über prozessorientiertes Arbeiten konnte ich positive Erfahrungen machen. Aus meinen Beobachtungen habe ich das entsprechende Angebot und die richtige Methode gewählt. Beide Schüler haben das Angebot angenommen. Prozessorientiertes Arbeiten ist eine wertvolle Erfahrung für das Individuum und unverzichtbar, weil auch Jugendliche diese Erfahrungen für ihr Wohlbefinden brauchen, z. B. steigert sich die Motivation, weiter kreativ zu agieren und stolz auf ihre kreativen (fantasievollen) Bilder zu sein. Mir ist bewusst, dass produktorientiertes Arbeiten keine negative Methode für die pädagogische Arbeit ist. Der Focus liegt auf dem Endprodukt mit fester Zielvorgabe, allerdings kann man diese Methode alternativ abwandeln. Man bastelt beispielsweise eine Schachtel, wobei dies das Endprodukt ist (produktorientiertes Arbeiten). Anschließend lässt man diese Schachtel ohne weitere Zielvorgabe weiter gestalten, so entstehen am Ende unterschiedliche Ergebnisse (prozessorientiertes Gestalten). (Die Kombination aus produkt- und prozessorientierte Gestaltung gilt auch für andere kreative Arbeiten, wie z. B. plastische Gestaltung). Mir ist aufgefallen, dass in dieser Schule viel nach Vorlagen gearbeitet wird. Beispielsweise bekommen die Schüler ein leeres Bild nach einem Künstlerwerk, welches sie nach ihren Vorstellungen ausmalen dürfen. Hier werden beide Methoden der produkt- und prozessorientierte Arbeit angewendet, jedoch werden die Schüler in dieser Weise nicht kreativ gefordert, weil sie quasi nur ein Bild ausmalen. Nach meinem Beispiel, haben die Schüler alle dasselbe Ergebnis, nämlich die Schachtel, allerdings werden die Schüler gefordert, die Schachtel zu verändern, indem sie eigene kreative Ideen und Fantasien mit einbringen können, sodass beispielsweise aus der Schachtel ein Fallschirm oder ein Bilderrahmen usw. entstehen kann. Hier wird die Kreativität der Schüler gefördert. Beim Ausmalen eines Bildes steht es jedem Schüler selbst zu, welche Farben er einsetzen möchte, aber eine wirklich kreative Unterstützung ist es nicht, weil der Schüler nichts Neues und Individuelles erschafft und sich somit nicht kreativ ausdrückt. Mich beschäftigt an dieser Stelle folgende Frage: Durch schöpferisches Tun können Ideen und Gefühle entstehen. Dabei werden gedankliche und gefühlsmäßige Bearbeitungsprozesse freigesetzt, die in der künstlerischen Darstellung zum Ausdruck gebracht werden. Warum wird das bei Kindern und Jugendlichen nicht hervorgehoben? Obwohl dieser Prozess aus der Sicht der Pädagogik bedeutender ist als das Arbeiten mit Vorlagen! Unsere Gesellschaft gibt den Kindern und Jugendlichen nicht die Möglichkeit ihre individuellen Fantasien auszuleben. Wenn Eltern dies nicht erkennen, so ist die Aufgabe der pädagogischen Fachkräfte (Erzieher, Sozialpädagogen usw.) den Eltern zu vermitteln, wie sie ihre Kinder in diesem Prozess unterstützen können, damit ihre Kinder unterschiedliche Bildungsziele erreichen, wie z. B. Frustrationstoleranz üben, Selbstwertgefühl und Selbstvertrauen aufbauen, eigene Ideen und Lösungen finden usw. Aber wenn ich miterlebe, wie Lehrer ihren Kunstunterricht gestalten, indem sie ihren Schülern Ausmalbilder geben, frage ich mich, wo die Ausdrucksvielfalt bleibt? Das prozessorientierte Arbeiten bietet den Kindern und Jugendlichen die Möglichkeit, sich auf ihre eigene gestalterische Weise auszudrücken ohne gesellschaftlichen Zwang und Druck, sodass die Fantasie steigt und die Gefühle, in Form von emotionale und kognitive Eindrücken verarbeitet werden. Alternativ würde ich vorschlagen, dass man gemeinsam in Kleingruppen verschiedene Darstellungen von Kindern/ Jugendlichen in der Kunst aus verschiedenen Zeitepochen recherchiert und analysiert, indem man beispielsweise auf die

Darstellungsformen eingeht oder Vergleiche mit einer aktuellen künstlerischen Darstellungsform macht. Die Schüler beschäftigen sich nicht nur mit unterschiedlichen Kunstformen, sondern bekommen einen Zugang zur Vorstellung von Kunst und sammeln neue Kenntnisse und Ideen, die sie selber zum Ausdruck bringen könnten. Auch hier wird das prozessorientierte Arbeiten gestärkt, indem die Schüler eigene Ideen und Lösungen finden, was auch für ihr zukünftiges Leben prägend und hilfreich ist. Mir war von Anfang an bewusst, dass prozessorientiertes Arbeiten keine perfekten Ergebnisse haben muss, dies durften die beiden Schüler während dieser Angebotsreihe selbst feststellen. Beim Experimentieren und Ausprobieren war es für David schwierig zu akzeptieren, dass das Ergebnis nicht perfekt sein muss, auch wenn es einfache Motive waren. Hier taucht für mich erneut die Frage auf, wieso muss das Ergebnis perfekt sein? Liegt es daran, dass Jugendliche durch ungünstige Lebensbedingungen oder Angst vor Sanktionen nur noch auf realitätsnahe Gestaltungen (perfektes Ergebnis) fixiert sind? In der Theorie wird beschrieben, dass Jugendliche aus Enttäuschung und Angst keinen Zugang zum kreativen Gestalten mehr finden und daher aufgeben. Für mich liegt dieses Problem in einem Mangel an Prozessorientierung, die an solchen Schülern nicht gestärkt wurden. Den genauen Hintergrundgedanken des Jugendlichen kenne ich nicht, jedoch glaube ich, dass er tatsächlich Angst vor Ablehnung oder fehlende Anerkennung hat, wenn seine Bilder nach seinen Vorstellungen nicht entsprechen. Andererseits denke ich mir, dass die heutige Zeit sehr schnelllebig ist, der Alltag verläuft stressig. Lehrer und Pädagogen haben nicht ausreichend Zeit zum Planen und können sich nicht intensiv mit möglichen Konsequenzen beschäftigen. Hier würde ich für mein zukünftiges Handeln auf mein vorheriges Beispiel zurückgreifen. Nach Betrachten eines Kunstwerks wird von diesem eine Kopie zum zerschneiden gefertigt. Jeder einzelne Schüler kann davon einen Teil weiter bearbeiten, um eine andere gestalterische Umsetzung zu bewegen und so wieder auf das prozessorientierte Gestalten zurückzugreifen: Auch hier wird wieder der individuelle Ausdruck gestärkt und die Identitätsfindung des Jugendlichen unterstützt. Ich denke, dass man produkt- und prozessorientiertes Arbeiten kombinieren kann, sodass ein gemeinsamer Mittelweg sinnvoll wäre. Auch wenn ein bestimmtes Ergebnis erzielt werden soll, so gibt es viele Möglichkeiten, das Ziel zu erreichen, so dass auch hier die Kreativität und Individualität gefordert wird. Für meine zukünftige Arbeit als Erzieherin werde ich diese Schlussfolgerungen berücksichtigen und versuchen, sie praktisch umzusetzen. Insgesamt lässt sich hieraus der Schluss ziehen, dass ich mit den ausgeführten Angebotsreihen viele Erfahrungen dazugewonnen habe und ich das theoretische Wissen in der Praxis Bestätige. Ich werde die gewonnen Erfahrungen und Eindrücke für meinen zukünftigen Lebensweg mitnehmen.

5. Literatur- und Quellenverzeichnis

Fachliteratur:

- **Braun, Daniela:**
  Handbuch Kreativitätsförderung, Freiburg, Verlag Herder, 2007, (S. 27ff)

- **Dienstbier, Akkela:**
  Kinder, Kunst und Kompetenzen, Hamburg, Verlag Handwerk und Technik GmbH, 2010, (S. 163ff)

- **Jaszus, Büchin-Wilhelm, Mäder-Berg, Gutmann:**
  Sozialpädagogische Lernfelder für Erzieherinnen, Stuttgart, Holland + Josenhands Verlag, 2008, (S. 439ff)

Fachzeitschrift:

- **Mößner, Barbara:**
  So geht's – kreatives Gestalten in der Kita in der Spot-Reihe der Zeitschrift „Kindergarten Heute". Freiburg, Herder Verlag, 2009, (S. 6)

Internetquellen:

- **Stangl, Werner:**
  Phasen der psychosozialen Entwicklung nach Erik Homburger Erikson,
  URL: http://arbeitsblaetter.stangl-taller.at/PSYCHOLOGIEENTWICKLUNG/ EntwicklungErikson.shtml, [Stand o. J.], Abgerufen am 21.04.2013, 00:20 Uhr

- **Tiedemann, Claus:**
  „Kunst" – Vorschlag einer Definition, URL: http://www.sportwissenschaft.uni-hamburg.de/tiedemann/ documents/kunstdefinition.html, [Stand 05.12.2011], Abgerufen am 02.05.2013, 09:44 Uhr

Rahmen: Filmstreifen (Clipart)

- **Free Clipart – Filmstreifen (Lizenzfrei)**
  URL: http://de.freepik.com/vektoren-kostenlos/filmstreifen_517069.htm, Abgerufen am 07.06.2013, 12:22 Uhr

6. Anhang

Der Farbkreis nach Johannes Itten

David   Sandra

Wasserfarben: Die Farbspritz-Technik und Nass-in-Technik

David   Sandra

Farbspritz-Technik:

Nass-in-Nass-Technik:

| Aysel Kapuci | E11-2-2/ 5.Semster | Unterstützung von Kreativität |

Farbschaum und Fadentechnik

David   Sandra

Farbschaum:

Fadentechnik:

Aysel Kapuci   E11-2-2/ 5.Semster   Unterstützung von Kreativität

<u>Pustekunst und Klecksbilder</u>

David   Sandra

Pustekunst:

Klecksbilder:

BEI GRIN MACHT SICH IHR WISSEN BEZAHLT

- Wir veröffentlichen Ihre Hausarbeit, Bachelor- und Masterarbeit
- Ihr eigenes eBook und Buch - weltweit in allen wichtigen Shops
- Verdienen Sie an jedem Verkauf

Jetzt bei www.GRIN.com hochladen und kostenlos publizieren